全球首个唯一系统化磁吸式中文学习教学游戏

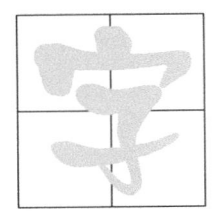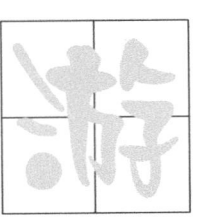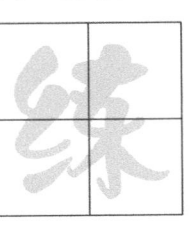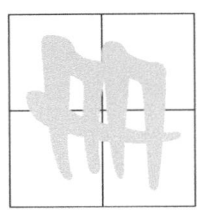

magictype® Lernspiel
Übungsheft 3 | 第三阶

题卡特点

图片汉字配对　古诗词　小故事　谜语　接龙　自检

Dieses Übungsheft ermöglicht es Ihnen, zusammen mit den magictype® Lernspiel （www.magictype. de）, die am häufigsten verwendeten chinesischen Schriftzeichen lesen zu lernen. Auf jeder Seite finden Sie am unteren Rand die Lösungshilfe zu den jeweiligen Aufgaben. Wir hoffen, dass Sie viel Spaß und Erfolg beim Erlernen der chinesischen Schriftsprache haben.

This exercise book is designed to be used in conjunction with the magictype® game (www.magictype.de). It will allow you to learn the most often used Chinese characters. The solution to each exercise is printed at the bottom of the page. We wish you all success in your endeavor to master the Chinese language.

Autoren: heidelite GmbH
Illustrationen: Meiqiao Fang; Shuo Gao; Yueming Yuan
Designkonzept: Tianjin Long Yan advertising co., LTD
Lektorat: Qian Otto
Herausgeber: Qian Otto

Kontakt: mail@magictype.de
https://www.magictype.de
copyright: FEA Lernspiele UG
heidelite GmbH

借鉴众多知名德国教具思路，字游练习册，将以各种各样的有趣形式，涵括方方面面的主题，从低阶的简单图片汉字配对，趣味填空，同义反义词配对到高阶的古诗词、故事、谜语、接龙等等，通过各种形式的小游戏，让学习者们在各种语境下有乐趣的活学活用每一盒的每一个汉字。

练习册的每张题卡都带有自检功能，在让学习者做完练习之后，可以对照答案自己检查。

配合字游的这套练习册一定对学习中文的朋友，从学习汉字入门到自主阅读是一个绝佳的辅助工具书。我们也特别建议小朋友利用字游和字游练习册学习中文时，家长能够积极参与，引导和协助孩子，在愉快的气氛中，促使小朋友大大提高学习中文的兴趣，启发孩子学习中文的方法。

Bibliografische Information der Deutschen Nationalbibliothek: Die Deutsche Nationalbibliothek verzeichnet diese Publikation in der Deutschen Nationalbibliografie; detaillierte bibliografische Daten sind im Internet über dnb.dnb.de abrufbar.

© 2019 FEA Lernspiele UG
Herstellung und Verlag: BoD – Books on Demand, Norderstedt

ISBN: 9783750427914

请从字盒里找出下列位置的汉字

 1-1

 1-2

请将字块填入合适的方框中。

有人说，拥有好习惯的学生就是一个好学生，比如讲卫生，☐ 时上课，不迟到。养成一个好习惯很简单，只要每天都坚持。试一试☐！

请从字盒里找出下列位置的汉字

1-3	1-7	2-4	2-5	3-2	4-9
拔	卜	动	洞	棍	萝

按下图，请将字块填入合适的方框中。

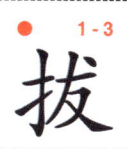

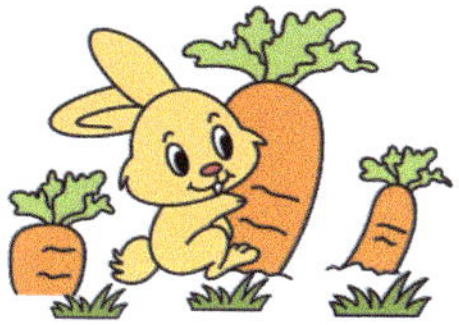

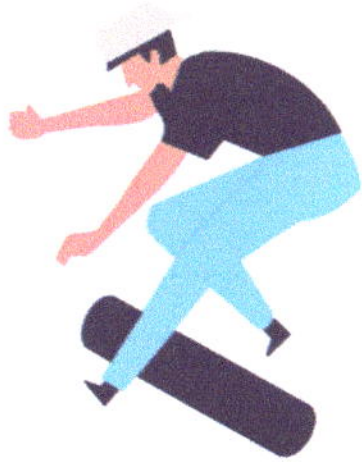

运

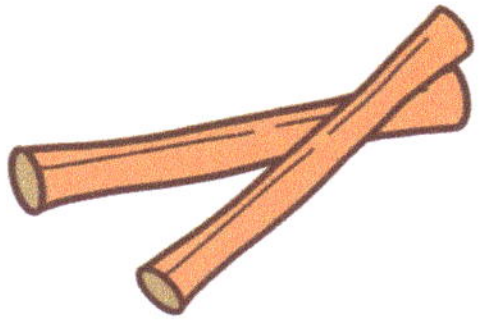

木

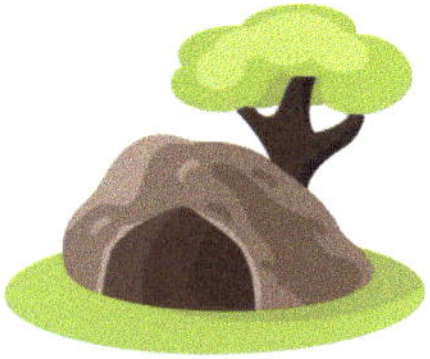

山

请从字盒里找出下列位置的汉字

2-9 缝

5-15 身

6-7 谁

请将字块填入合适的方框中，并诵读诗歌。

《游子吟》 (唐·孟郊)

慈母手中线，游子 ⬚₁ 上衣。

临行密密 ⬚₂ ，意恐迟迟归。

⬚₃ 言寸草心，报得三春晖。

请从字盒里找出下列位置的汉字

 1 - 2 吧

吹 1 - 11

念 5 - 4

按下图，请将字块填入合适的方框中。

例：禾 + 口 = 和

口 + 巴 = ☐

口 + 欠 = ☐

今 + 心 = ☐

请从字盒里找出下列位置的汉字

按下图，请将字块填入合适的方框中。

例：其 + 月 = ☐ 1

女 + 也 = ☐ 2

丁 + 页 = ☐ 3

走 + 干 = ☐ 4

请从字盒里找出下列位置的汉字

● 7-4
晚

● 7-14
右

按下图，请将字块填入合适的方框中，组成反义词。

开关
左
前后
早

请从字盒里找出下列位置的汉字

● 3-10
假

● 4-5
冷

● 5-1
南

按下图，请将字块填入合适的方框中，组成反义词。

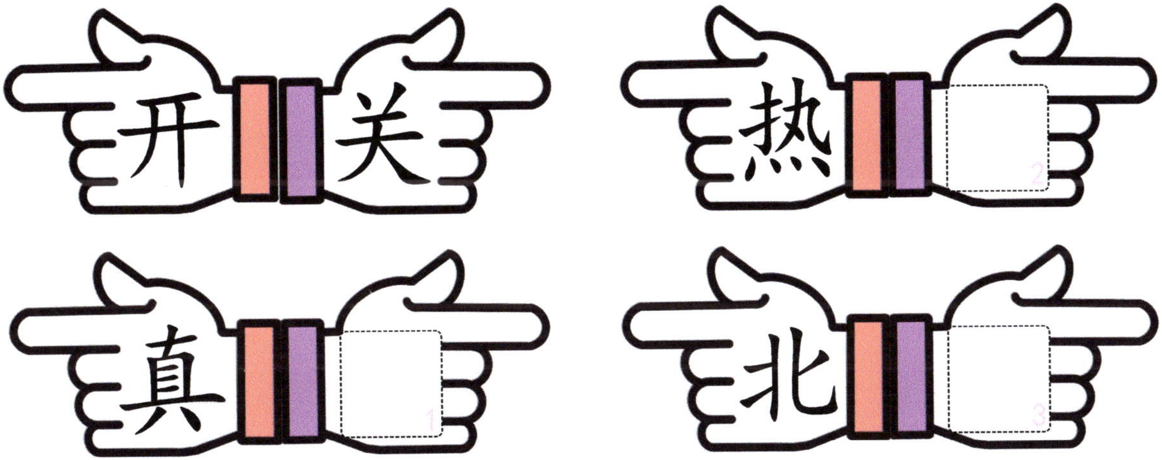

开关

热

真

北

请从字盒里找出下列位置的汉字

 4 - 13 面
 5 - 1 南
 5 - 12 前
 7 - 14 右
 8 - 11 左

请将字块填入合适的方框中，学习方向相关的词语。

方 向

早 晨 起 来 ， □ 向 太 阳 。

□ 面 是 东 ， 后 面 是 西 。

□ 面 是 北 ， □ 面 是 □ 。

请从字盒里找出下列位置的汉字

6-14	7-7	7-11

按下图，请将字块填入合适的方框中。

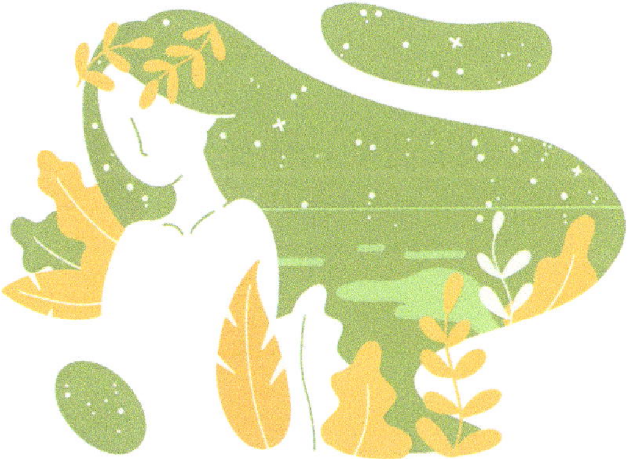

$$相 + 心 = \boxed{}_1$$

$$木 + 奇 = \boxed{}_2$$

$$木 + 兆 = \boxed{}_3$$

请从字盒里找出下列位置的汉字

• 1-4	• 1-14	• 4-10	• 8-1	• 8-4	• 8-5	• 8-6
 办	 道	 么	 怎	 这	 知	 种

按下图，请将字块填入合适的方框中。

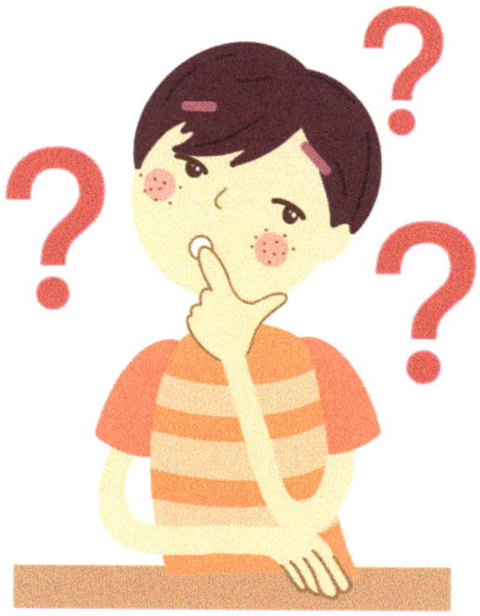

你	是			
			好	
法	的	?		

请从字盒里找出下列位置的汉字

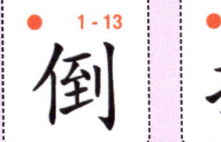

按下图，请将字块填入合适的方框中。

| | 子 | 上 | 的 | 笔 | 被 | 我 |
| | | | 在 | 地 | 上 | 。 |

请从字盒里找出下列位置的汉字

● 1 - 12	● 1 - 15	● 4 - 13	● 6 - 12
从	点	面	她

按下图，请将字块填入合适的方框中。

请从字盒里找出下列位置的汉字

2-3	2-7	2-8	3-5
丢	躲	饭	喊

按下图，请将字块填入合适的方框中。

 ☐ 手 绢

 吃 ☐

 ☐ 起 来

 大 ☐

请从字盒里找出下列位置的汉字

1 - 15	2 - 15	4 - 11	6 - 7
 点	 乖	 没	 谁

按下图，请将字块填入合适的方框中并诵读儿歌。

小兔子乖 ☐ ，把门儿开开。

快 ☐ 儿开开，我要进来。不

开，不开，我不开，妈妈 ☐

回来，☐ 来也不开。

请从字盒里找出下列位置的汉字

● 2-6	● 2-13	● 3-2	● 3-3	● 3-6	● 3-9	● 4-6
堆	根	棍	果	荷	夹	两

按下图，请将字块填入合适的方框中。

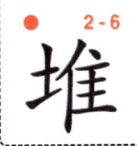

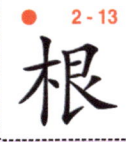

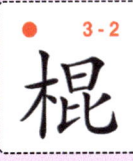

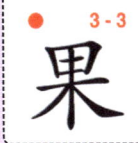

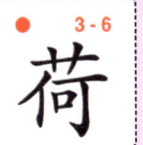

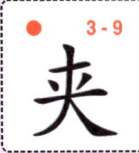

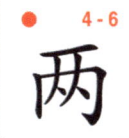

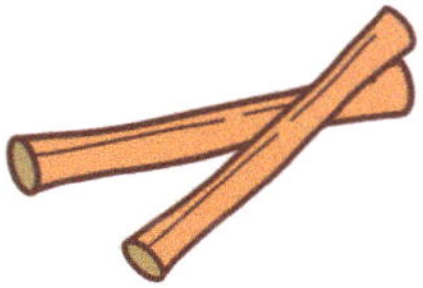

1	2
木	3

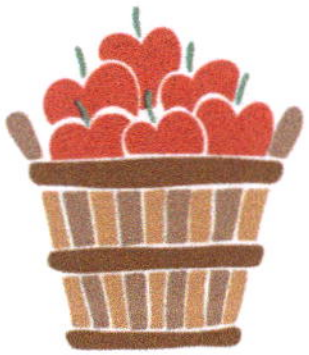

一	4
水	5

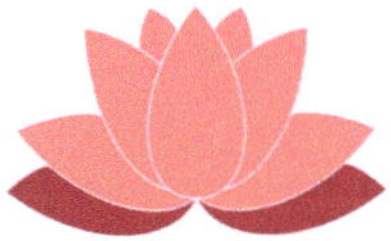

一	朵
6	花

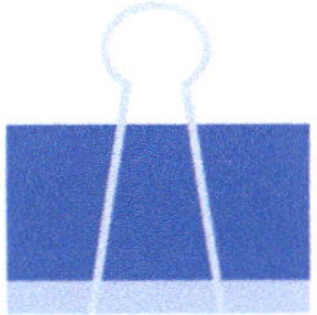

一	个
7	子

请从字盒里找出下列位置的汉字

● 2-10	● 3-11	● 6-8	● 6-15
付	浇	睡	逃

按下图，请将字块填入合适的方框中。

    [　] 花

 [　] 觉

 [　] 跑

 [　] 钱

请从字盒里找出下列位置的汉字

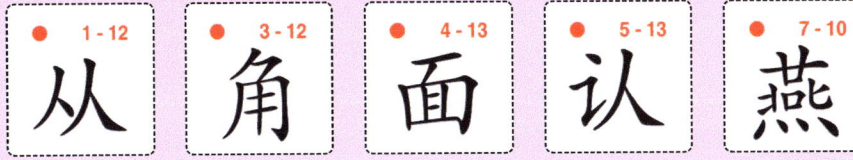

1 - 12	3 - 12	4 - 13	5 - 13	7 - 10
从	角	面	认	燕

按下图，请将字块填入合适的方框中。

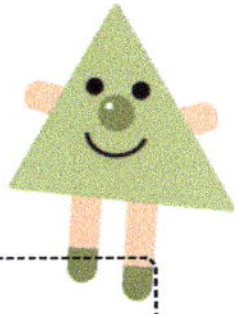

1.	今	天	我	1		
			识	了	三	2	形	。

2.	一	只	3	子			
			4	水	5	上	飞	过	。

答案：1: ● 5-13　2: ● 3-12　3: ● 7-10　4: ● 1-12　5: ● 4-13

请从字盒里找出下列位置的汉字

● 1-7	● 2-8	● 3-3	● 4-9	● 6-14
卜	饭	果	萝	桃

按下图，请将字块填入合适的方框中。

 米 ☐

 苹 ☐

 ☐ 子

 胡 ☐ ☐

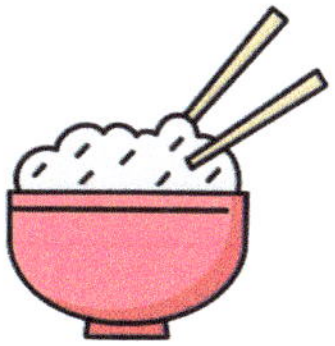

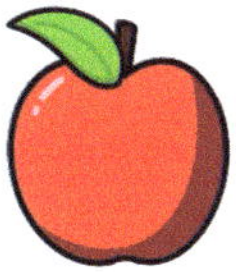

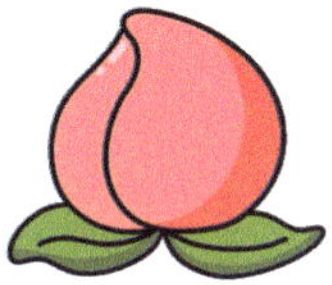

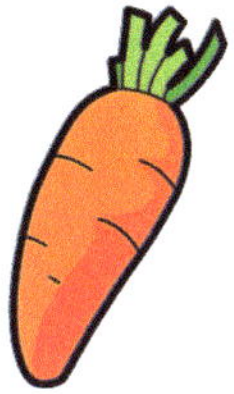

请从字盒里找出下列位置的汉字

3-7	4-4	6-5	7-3	7-10
灰	狼	鼠	蛙	燕

按下图，请将字块填入合适的方框中。

₁ ₂

	子

老	

青	

请从字盒里找出下列位置的汉字

● 1-13	● 5-10	● 5-15	● 6-6

倒	扑	身	摔

按下图，请将字块填入合适的方框中。

小	红	骑	自	行	车	
	了	，		在	了	我
的		上	。			

请从字盒里找出下列位置的汉字

1-10	2-14	4-7	4-14	5-5	7-12

厂	工	柳	民	农	音

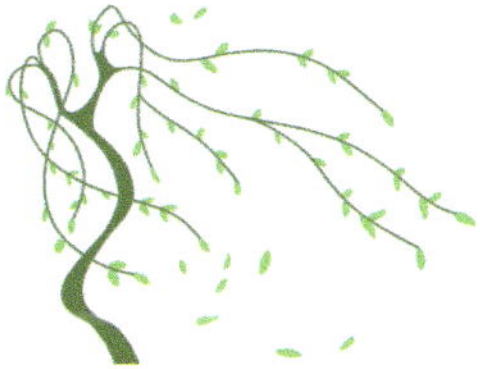

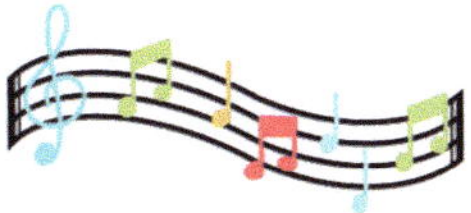

按下图，请将字块填入合适的方框中。

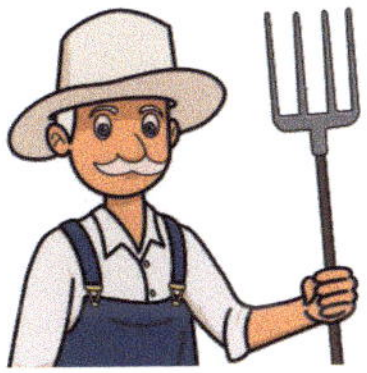

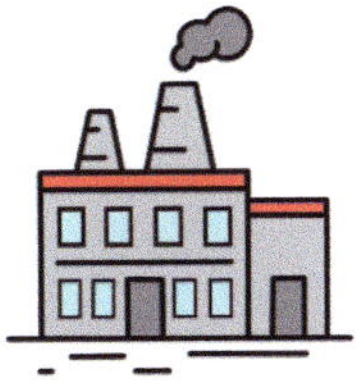

树

乐

请从字盒里找出下列位置的汉字

4 - 10	4 - 11	6 - 2	6 - 3	7 - 12
 么	 没	 什	 声	 音

按下图，请将字块填入合适的方框中。

你	说			？	你
		太	小	，	我
	有	听	清	。	

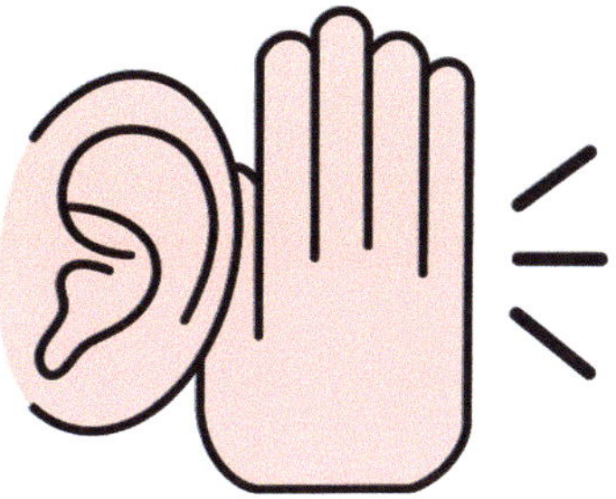

请从字盒里找出下列位置的汉字

● 4-3
拉

● 4-10
么

● 7-15
原

按下图，请将字块填入合适的方框中。

你	舞	跳	的	那	
好	，		来	是	因
为	你	参	加	过	拉
	队	比	赛	。	

请从字盒里找出下列位置的汉字

4-8	7-6	8-7	8-9
路	午	住	走

按下图，请将字块填入合适的方框中。

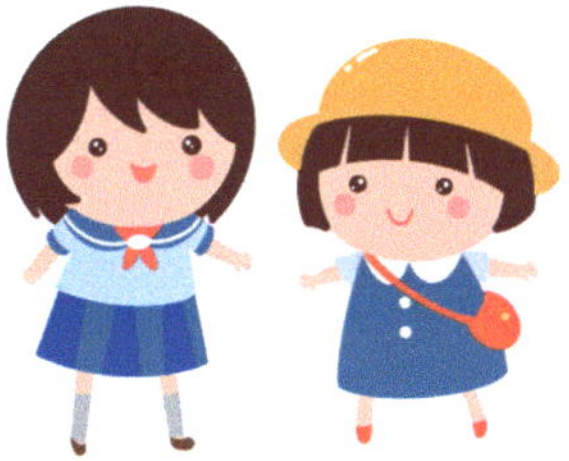

我	和	姐	姐		在	一
起	，	中		我	们	一
起			回	家	。	

答案：1 • 8-7 2 • 7-6 3 • 8-9 3 • 4-8

请从字盒里找出下列位置的汉字

● 6 - 11	● 6 - 12
它	她

按下图，请将字块填入合适的方框中。你能区分好“他”“她”和“它”么？

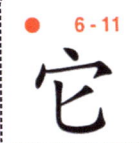

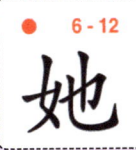

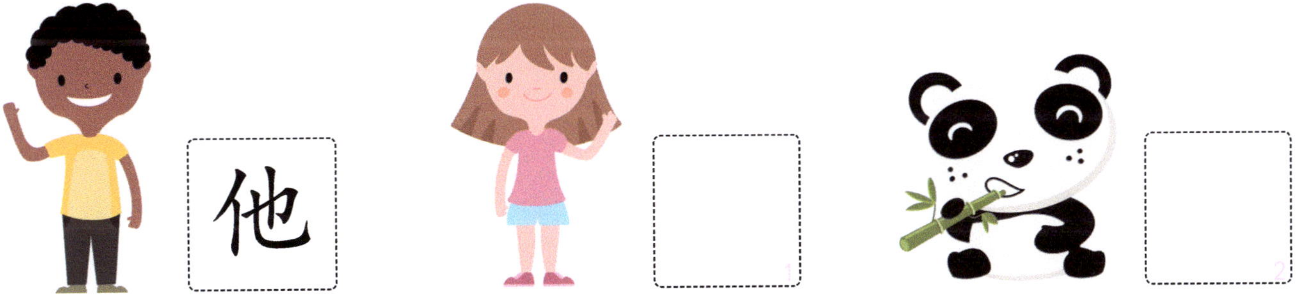

答案：1：● 6-12 2：● 6-11

请从字盒里找出下列位置的汉字

7-2	8-2	8-4
痛	仗	这

按下图，请将字块填入合适的方框中。

打 ☐ 的 行 为 是 不
对 的 ， ☐ 会 使 很
多 人 ☐ 苦 。

请从字盒里找出下列位置的汉字

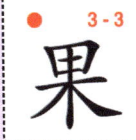

3-3	5-1	6-4	7-10
果	南	熟	燕

按下图，请将字块填入合适的方框中。

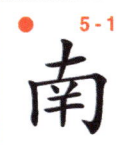

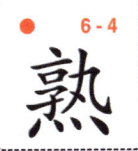

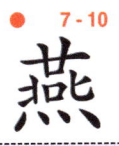

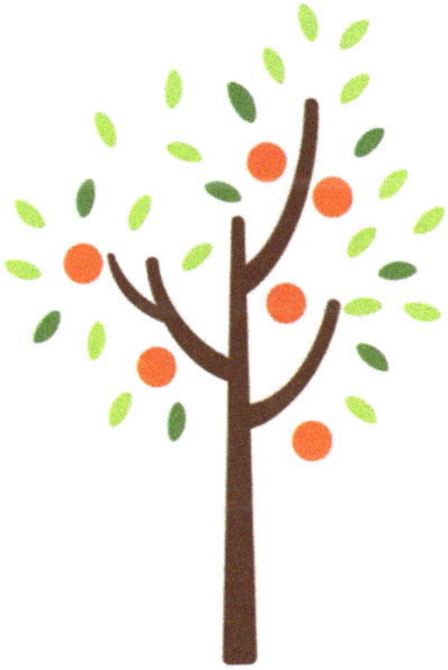

秋	天	到	了	，	1	实
2	了	，	小	3	子	飞
到	了	4	方	。		

答案：1: ● 3-3 2: ● 6-4 3: ● 7-10 3: ● 5-1

请从字盒里找出下列位置的汉字

● 6-9	● 7-2
死	痛

按下图，请将字块填入合适的方框中。

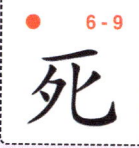

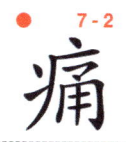

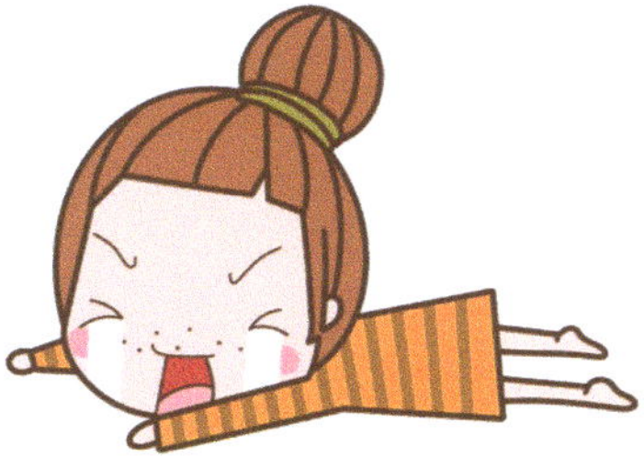

小	兔	子		了	，
小	红	很		苦	，
大	哭	起	来	。	

答案：1. ● 6-9 2. ● 7-2

请从字盒里找出下列位置的汉字

3-4	3-7	3-10	4-4	5-7	5-14
害	灰	假	狼	怕	色

按下图，请将字块填入合适的方框中。

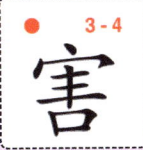

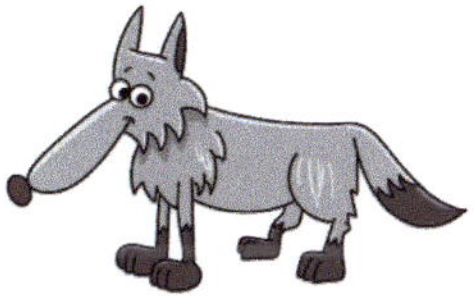

	大	
	1	2

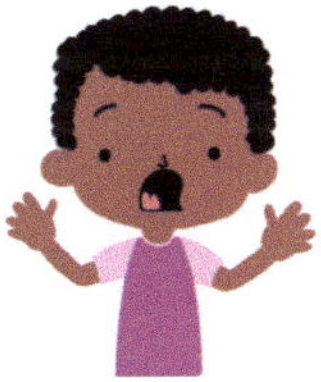

3	4

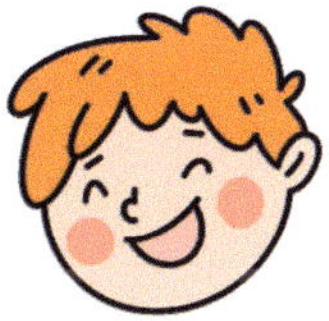

5	发

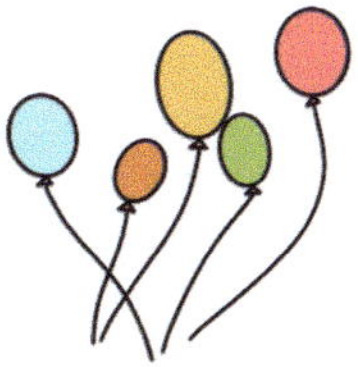

五	颜
六	6

答案：1: ● 3-7 2: ● 4-4 3: ● 3-4 4: ● 5-7 5: ● 3-10 6: ● 5-14

请从字盒里找出下列位置的汉字

● 3-8	● 3-12	● 7-5
 几	 角	 万

按下图，请将字块填入合适的方框中。

1. 你 来 数 一 数 一

共 有 ☐ 个 三 ☐ 形 。

2. 十 个 一 千 是 一 ☐ 。

请从字盒里找出下列位置的汉字

● 6-1	● 7-8
伸	醒

按下图，请将字块填入合适的方框中。

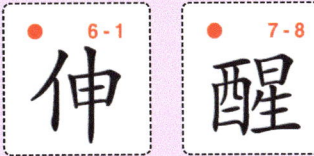

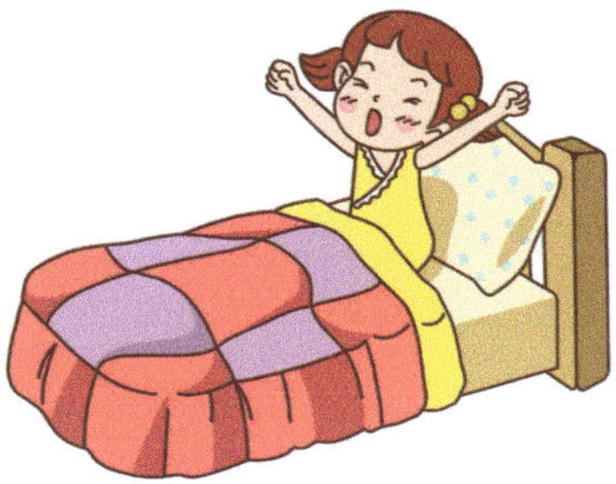

早	晨	1	来	，	2
伸	懒	腰	，	开	始
新	的	一	天	。	

答案：1: ● 7-8 2: ● 6-1

请从字盒里找出下列位置的汉字

● 6-14
桃

● 6-15
逃

按下图，请将字块填入合适的方框中。你能区分"桃"与"逃"么？

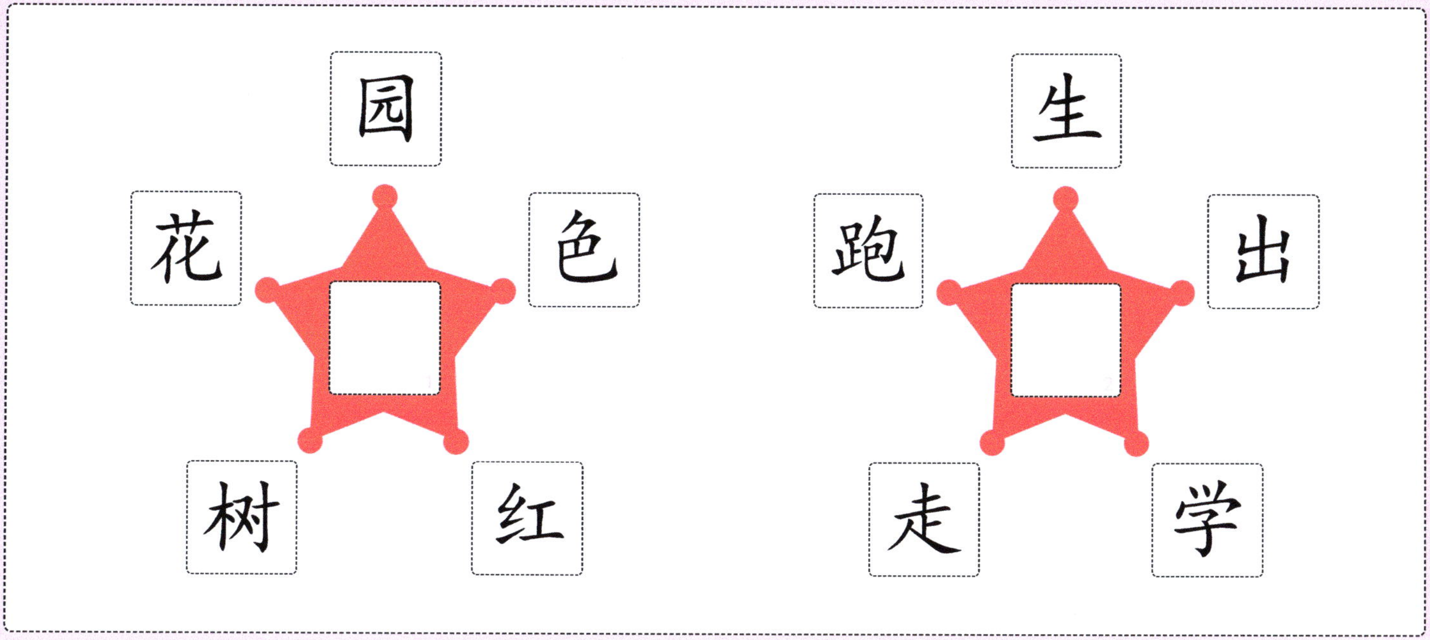

园

花   色

树   红

生

跑   出

走   学

请从字盒里找出下列位置的汉字

● 2-11
敢

● 2-12
赶

按下图，请将字块填入合适的方框中。你能区分"敢"与"赶"么？

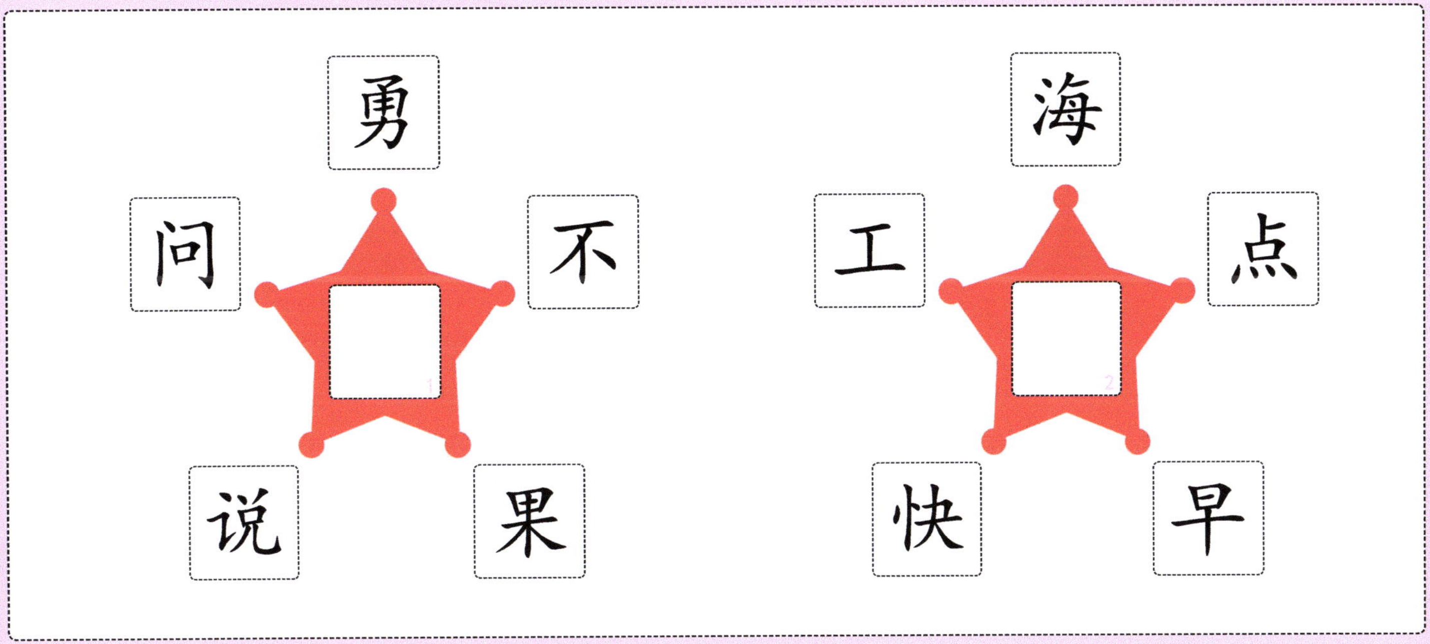

勇

问 不

说 果

海

工 点

快 早

请从字盒里找出下列位置的汉字

按下图，请将字块填入合适的方框中。你能区分"动"与"洞"么？

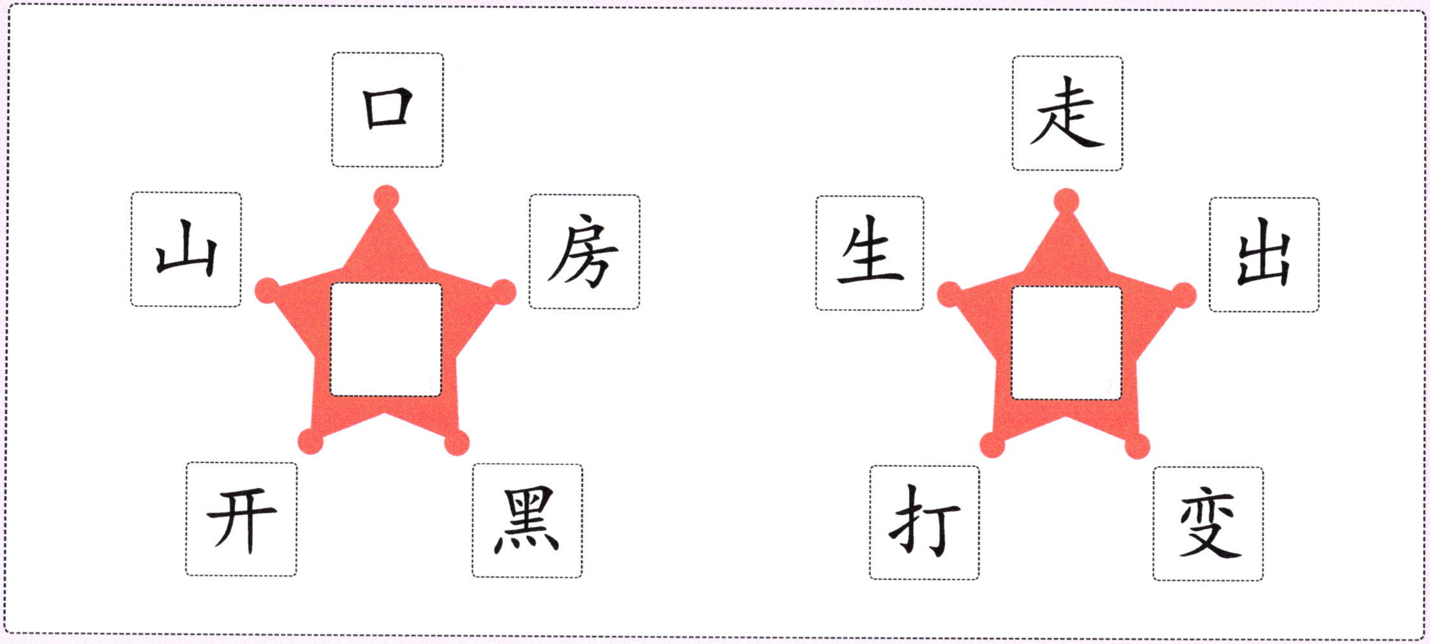

口

山　　　房

开　　　黑

走

生　　　出

打　　　变

请从字盒里找出下列位置的汉字

按下图，请将字块填入合适的方框中。

比尾巴

[　] 的尾巴长？谁的尾巴短？谁的尾巴好像一把伞？

 猴子的尾巴长。兔子的尾巴短。

松 [　] 的尾巴好像一把伞。

请从字盒里找出下列位置的汉字

 6 - 7
谁

 8 - 10
最

按下图，请将字块填入合适的方框中。

比尾巴

□ 的尾巴弯？谁的尾巴扁？谁的尾巴

最好看？

公鸡的尾巴弯。鸭子的尾巴扁。孔

雀的尾巴 □ 好看。

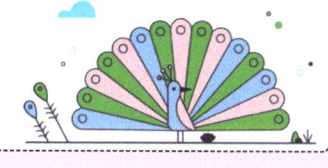

请从字盒里找出下列位置的汉字

1 - 1	3 - 12	3 - 15	6 - 14
按	角	菊	桃

按下图，请将字块填入合适的方框中。

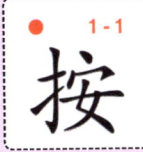

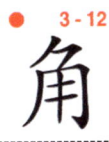

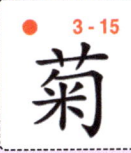

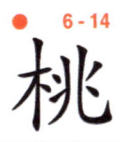

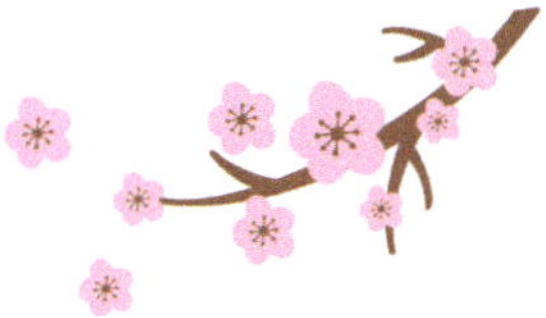

[1] 花

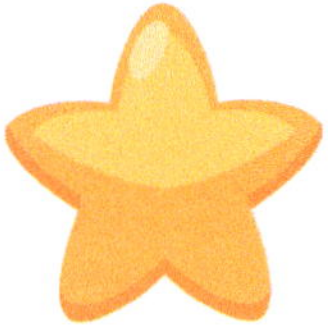

五 [2] 星

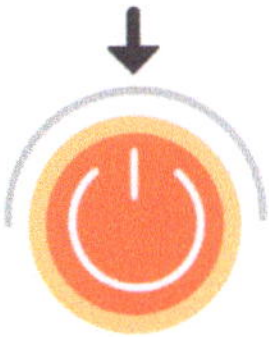

[3] 钮

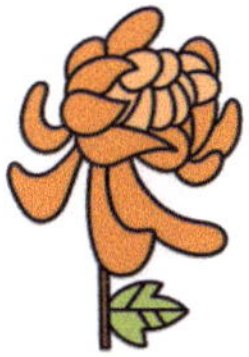

[4] 花

答案：1: ● 6-14 2: ● 3-12 3: ● 1-1 4: ● 3-15

请从字盒里找出下列位置的汉字

5-3
年

5-14
色

按下图，请将字块填入合适的方框中。

一 ☐ 四季分为春夏秋冬。

春天是青 ☐ 的，

夏天是绿色的。

秋天是黄色的，

冬天是白色的。

请从字盒里找出下列位置的汉字

3 - 12	4 - 5	6 - 6	8 - 13
角	冷	摔	座

按下图，请将字块填入合适的方框中。

 雪 天 ☐

 ☐ 位

 豆 ☐

 ☐ 跤

请从字盒里找出下列位置的汉字

● 4-5	● 4-6	● 4-13	● 6-15
冷	两	面	逃

按下图，请将字块填入合适的方框中。

 ☐ 条 鱼    ☐ 跑

 冷 ☐    ☐ 饮

请从字盒里找出下列位置的汉字

|  3-12 角 |  7-4 晚 |  7-11 椅 |  7-12 音 |

按下图，请将字块填入合适的方框中。

 五 □ 星  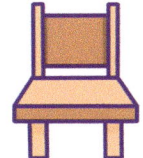 □ 子

 夜 □  □ 乐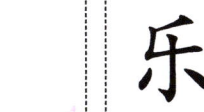

请从字盒里找出下列位置的汉字

 1-3	 1-7	 3-13	 4-9	 6-13
拔	卜	节	萝	抬

按下图，请将字块填入合适的方框中。

	水		竹	子
			节		高
	草		胡		

请从字盒里找出下列位置的汉字

2-15	4-1	6-8
乖	可	睡

按下图，请将字块填入合适的方框中。

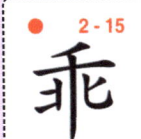

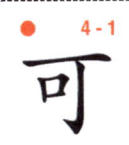

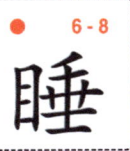

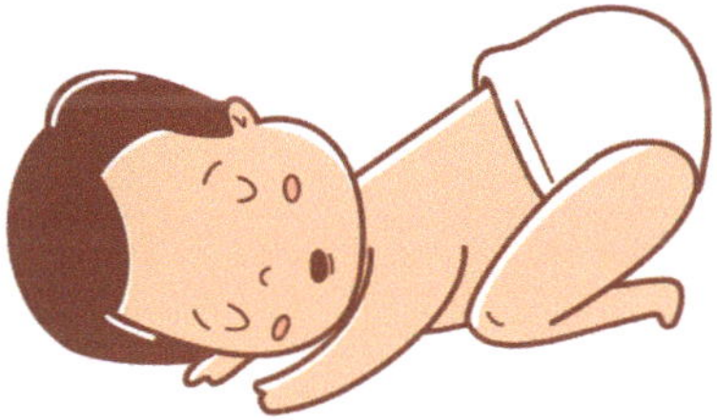

小	宝	宝	真	1
爱	，	正	在	2
乖	地	3	觉	。

答案：1: ● 4-1 2: ● 2-15 3: ● 6-8

请从字盒里找出下列位置的汉字

 1-5 抱  3-6 荷  4-2 啦

按下图，请将字块填入合适的方框中。

好		！	孩	子	，
不	要	生	气	了	，
我		着	你	去	公
园	看		花	。	

请从字盒里找出下列位置的汉字

4-7	6-14
柳	桃

按下图，请将字块填入合适的方框中。

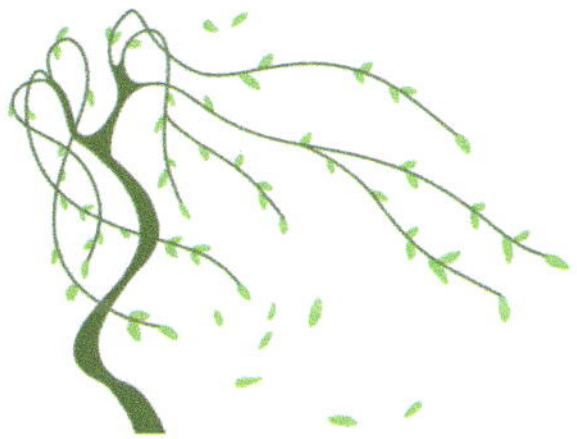

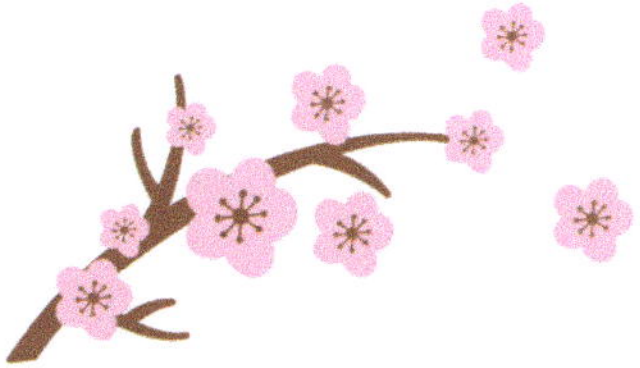

对韵歌

云 对 雨 ， 雪 对 风 。

花 对 树 ， 鸟 对 虫 。

山 清 对 水 秀 ，

[1] 绿 对 [2] 红 。

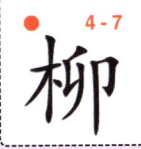

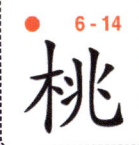

请从字盒里找出下列位置的汉字

1 - 10	2 - 14	3 - 7	5 - 14

按下图，请将字块填入合适的方框中。

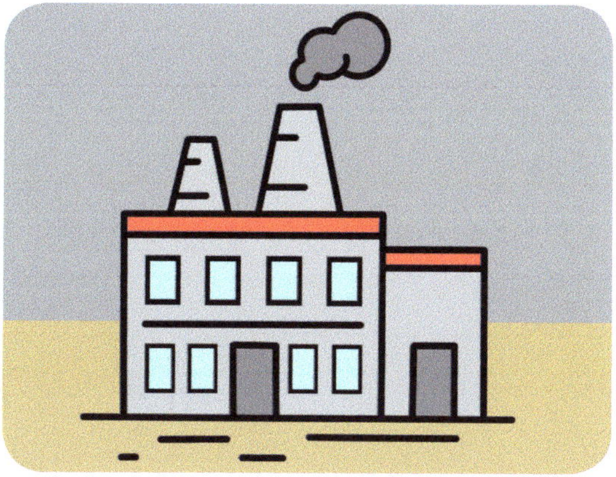

		越	来
越	多	，	把
天	空	变	成
了			。

请从字盒里找出下列位置的汉字

● 2-6	● 3-3	● 6-14
堆	果	桃

按下图，请将字块填入合适的方框中。

一	边	多	，		一	边	少	，	
一		杏	子	一	个			。	
一	个	大	，		一	个	小	，	
一	个	苹			一	颗	枣	。	

请从字盒里找出下列位置的汉字

3-14	4-13	6-3	7-10	7-12

按下图，请将字块填入合适的方框中。

   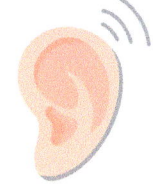

请从字盒里找出下列位置的汉字

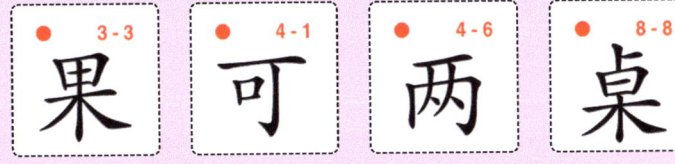

● 3-3	● 4-1	● 4-6	● 8-8
果	可	两	桌

按下图，请将字块填入合适的方框中。

1	子	上	有	2	个	苹
3	。	红	红	的	，	甜
甜	的	，	4	真	好	吃
啊	！					

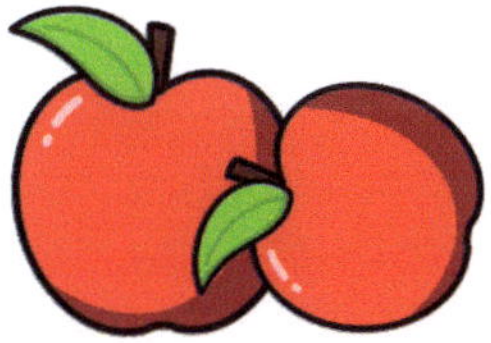

答案：1: ● 8-8 2: ● 4-6 3: ● 3-3 4: ● 4-1

请从字盒里找出下列位置的汉字

2 - 1	2 - 12	3 - 12	8 - 8
掉	赶	角	桌

按下图，请将字块填入合适的方框中。

我	☐	快	把	☐	在	☐
落	里	的	文	具	盒	捡
起	来	放	回	☐	上	。

请从字盒里找出下列位置的汉字

|  2-2 顶 |  2-9 缝 |  3-1 关 |  4-12 梅 |

按下图，请将字块填入合适的方框中。

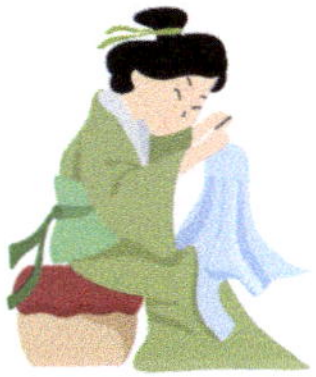

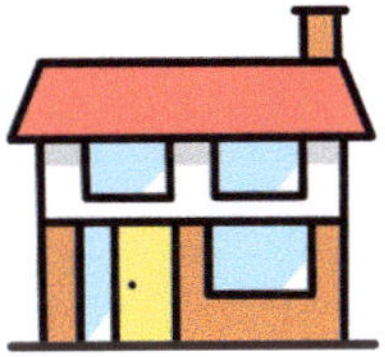

| | 衣 | 服 | | 房 | |
| | 开 | | | | 花 |

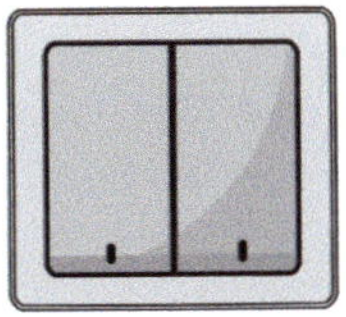

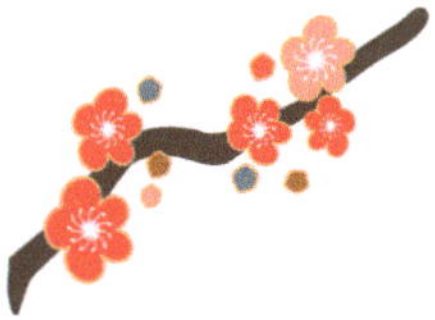

请从字盒里找出下列位置的汉字

1 - 1	1 - 11	2 - 12	6 - 13
按	吹	赶	抬

按下图，请将字块填入合适的方框中。

 [　] 键　　 [　] 头

 电 [　] 风　　 [　] 海

请从字盒里找出下列位置的汉字

● 1-13	● 5-8	● 6-6	● 7-2
倒	碰	摔	痛

按下图，请将字块填入合适的方框中。

今	天	小	明	和	小	朋	友
去	玩	足	球	，	他	被	1
2	了	，	3	在	地	上	，
看	起	来	很	4	苦	。	

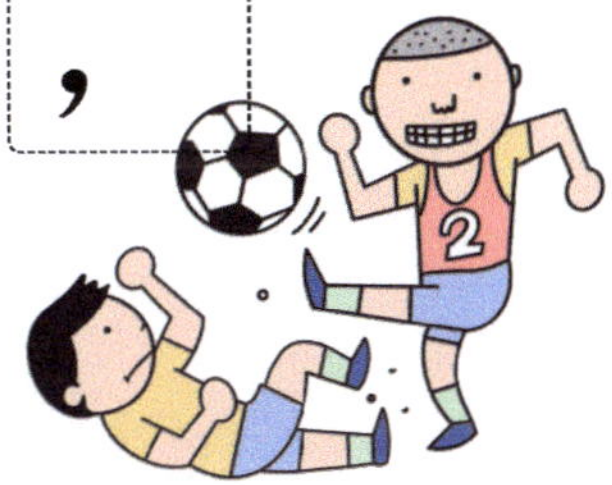

请从字盒里找出下列位置的汉字

● 4 - 6

两

● 8 - 12

坐

按下图，请将字块填入合适的方框中。

弯 弯 的 月 儿 小 小 的 船 ，

小 小 的 船 儿 ☐ 头 尖 。

我 在 小 小 的 船 里 ☐ ，

只 看 见 闪 闪 的 星 星 蓝 蓝 的 天 。

请从字盒里找出下列位置的汉字

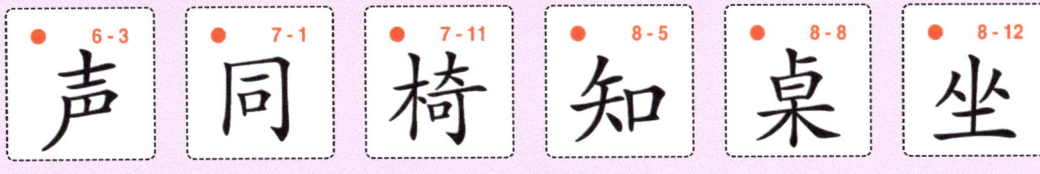

6-3	7-1	7-11	8-5	8-8	8-12
声	同	椅	知	桌	坐

按下图，请将字块填入合适的方框中。

上	课	铃	1	响	起	，
我	和	2	3	4	在	5
子	上	学	习	6	识	。

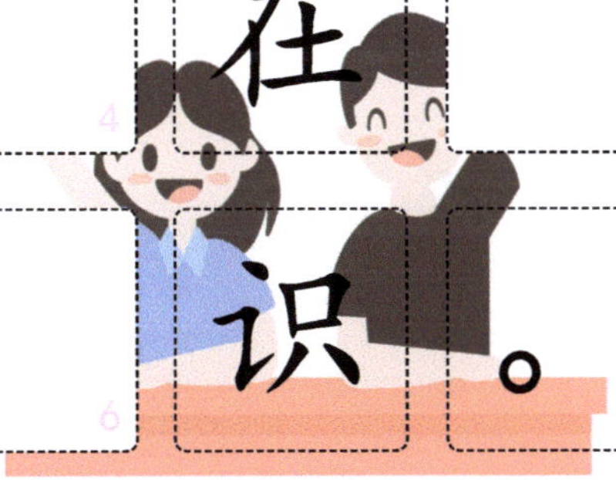

答案：1: ● 6-3 2: ● 7-1 3: ● 8-8 4: ● 8-12 5: ● 7-11 6: ● 8-5

请从字盒里找出下列位置的汉字

2-5	4-10	4-11	4-12	6-2	6-8	6-11	7-3
洞	么	没	梅	什	睡	它	蛙

按下图，请将字块填入合适的方框中。

小	狗	在	雪	地	里	画
	花	，	青		为	
		有	来	，		在
	里		着	了	。	

请从字盒里找出下列位置的汉字

按下图，请将字块填入合适的方框中。

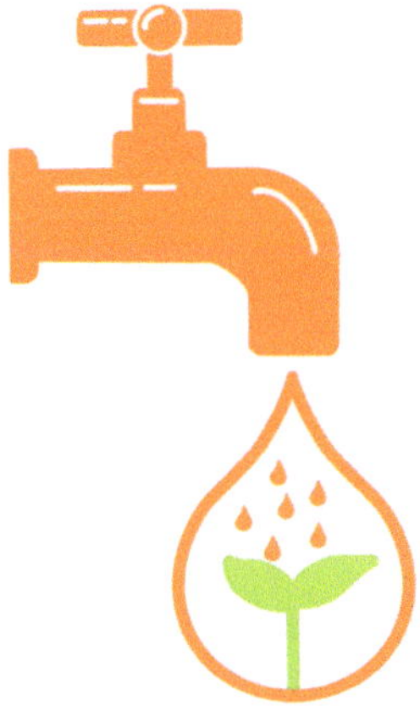

保	护	环	境	有	很
多		法	，	比	如
	约	用	水	。	

请从字盒里找出下列位置的汉字

2-3
丢

2-7
躲

按下图，请将字块填入合适的方框中。

我	和	小	朋	友	们
在	学	校	一	起	玩
	手	绢	，		迷
藏	等	游	戏	。	

请从字盒里找出下列位置的汉字

● 2-15	● 3-7	● 5-14	● 8-10
乖	灰	色	最

按下图，请将字块填入合适的方框中。

我	家	有	一	只		
的	小	狗	，	很		，
	爱	吃	骨	头	了	。

请从字盒里找出下列位置的汉字

● 3-2	● 3-12	● 5-9	● 7-11	● 8-8
棍	角	片	椅	桌

按下图，请将字块填入合适的方框中。

	片
树	叶

木	

三

	尺

请从字盒里找出下列位置的汉字

● 1-11	● 2-8	● 3-4	● 5-9
吹	饭	害	片

按下图，请将字块填入合适的方框中。

吃 ⬜

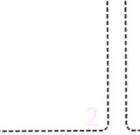
⬜ 头 发

⬜ 虫

照 ⬜

请从字盒里找出下列位置的汉字

1-3	1-15	2-8	5-6
拔	点	饭	女

按下图，请将字块填入合适的方框中。

 ☐ 牙

 ☐ 盒

 ☐ 孩

 一 ☐

请从字盒里找出下列位置的汉字

按下图，请将字块填入合适的方框中。你能区分"坐"与"座"么？

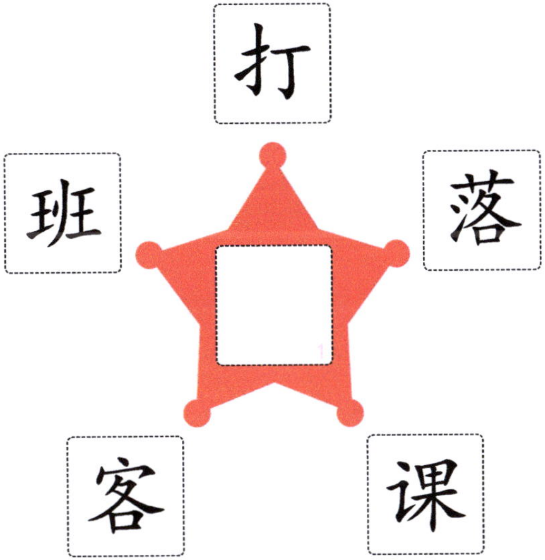

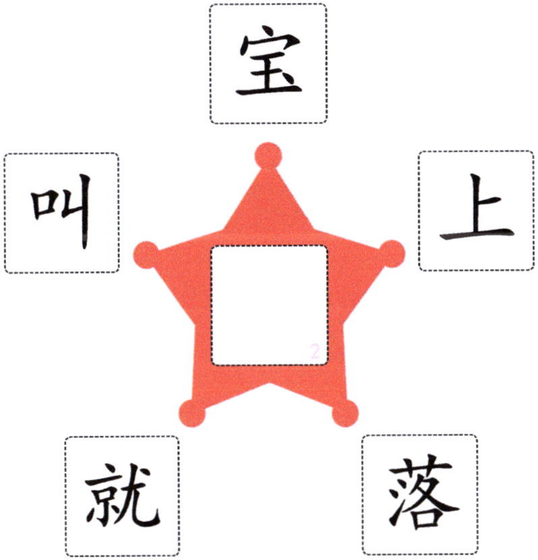

打
班　　落
□
客　　课

宝
叫　　上
□
就　　落

请从字盒里找出下列位置的汉字

3-6	3-15	4-4	4-7	6-5	6-14	7-3	7-10
荷	菊	狼	柳	鼠	桃	蛙	燕

按下图，请将字块填入合适的方框中。注意左边的都是植物，右边的都是动物。

 ☐ 花　 ☐ 树　 ☐ 子　 老 ☐

 ☐ 子　 ☐ 叶　 青 ☐　 灰 ☐

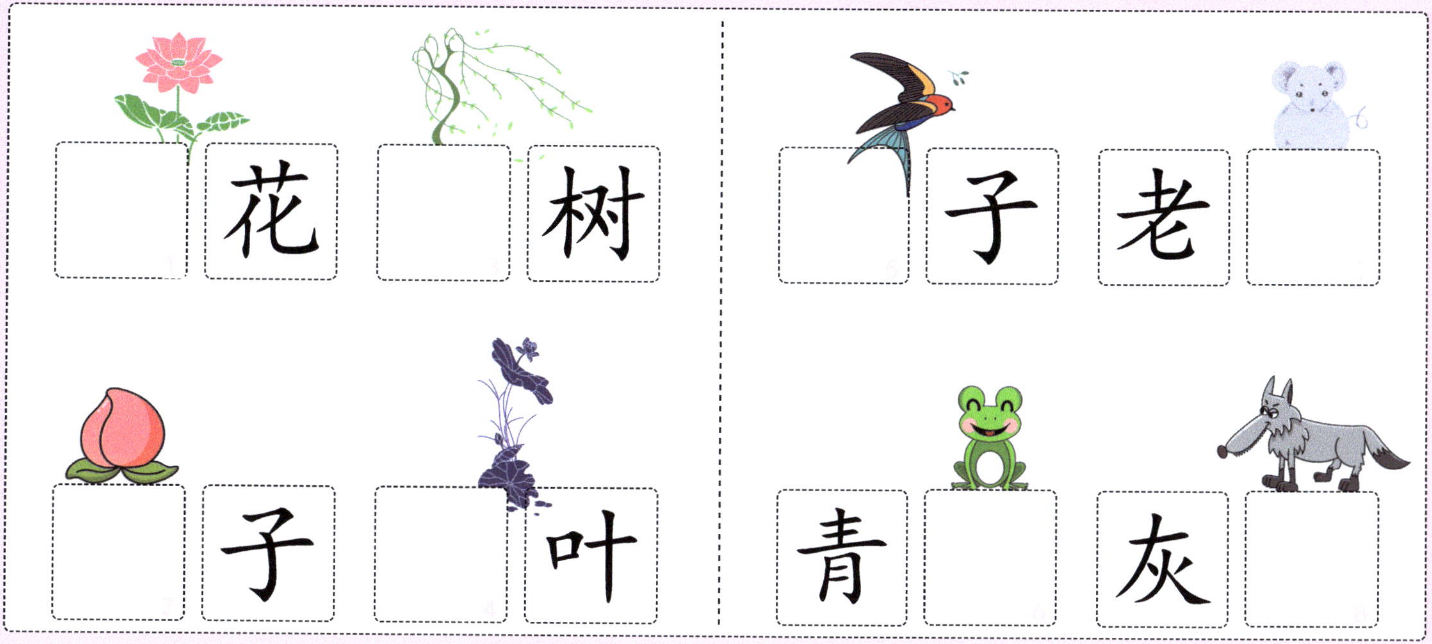

请从字盒里找出下列位置的汉字

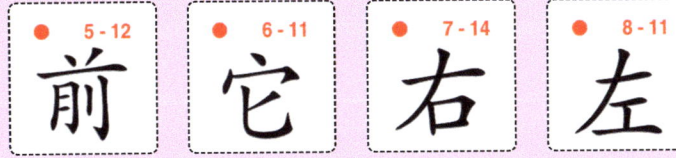

5-12	6-11	7-14	8-11
前	它	右	左

按下图，请将字块填入合适的方框中。

影	子	一	会	在	1	，	一	会	在
后	。	一	会	在	2	，	一	会	在
3	。	影	子	常	常	跟	着	我	，
4	是	我	的	好	朋	友	。		

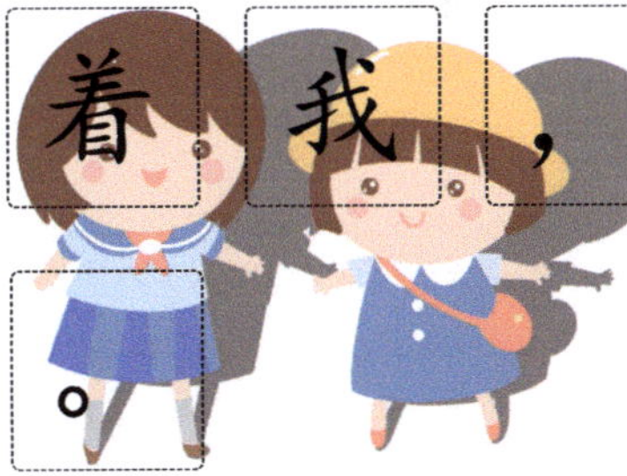

答案：1：● 5-12 2：● 8-11 3：● 7-14 4：● 6-11

请从字盒里找出下列位置的汉字

● 1-12	● 4-7	● 5-1	● 7-10
 从	 柳	 南	 燕

按下图，请将字块填入合适的方框中。

秋	天	到	了	，		子		北	方	飞
去	了		方	。	春	天	来	了	，	
树	发	芽	了	，	燕	子	从	南	方	飞
回	来	了	。							

请从字盒里找出下列位置的汉字

5-1	5-7	7-14	8-11
南	怕	右	左

按下图，请将字块填入合适的方框中。

在	地	图	上	我	们	用	上	北	下
	，		西		东	来	标	明	方
向	。	有	了	地	图	，	我	们	就
不		迷	失	方	向	了	。		

请从字盒里找出下列位置的汉字

● 2 - 12	● 3 - 4	● 3 - 14	● 5 - 7	● 6 - 10
赶	害	救	怕	送

按下图，请将字块填入合适的方框中。

奶	奶	生	病	了	，	妈	妈	很	
	，		快	拨	打	了		护	车
的	电	话	120	。	医	生	来	了	，
把	奶	奶		去	了	医	院	。	

请从字盒里找出下列位置的汉字

2-5 洞	6-8 睡	6-11 它	7-3 蛙	7-8 醒

按下图，请将字块填入合适的方框中。

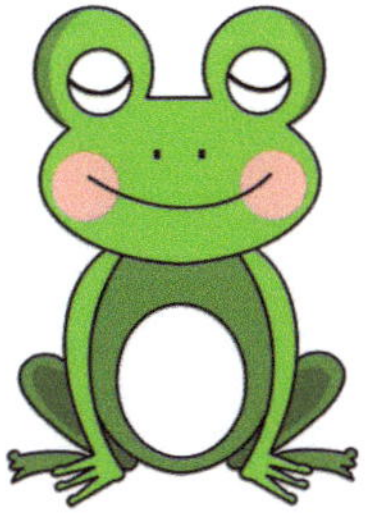

青		冬	天	会	冬	眠	，
	在	地		里	，	不	吃
不	喝	。	等	春	天	到	来
，		再		过	来	。	

请从字盒里找出下列位置的汉字

3 - 3	5 - 14	6 - 14	8 - 10
果	色	桃	最

按下图，请将字块填入合适的方框中。

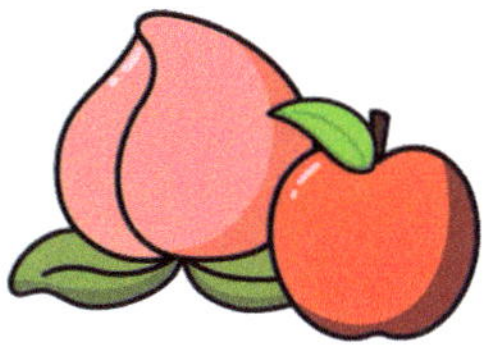

我	把		大	的	那	个
	子	给	弟	弟	，	把
那	个	红		的	小	苹
	给	我	自	己	。	

答案：1: ● 8-10 2: ● 6-14 3: ● 5-14 4: ● 3-3

请从字盒里找出下列位置的汉字

3 - 1	4 - 1	4 - 11	6 - 6	6 - 12	7 - 15	8 - 10
关	可	没	摔	她	原	最

按下图，请将字块填入合适的方框中。

小	红	把	我		爱	的	杯
子		坏	了	，		希	望
我		以		谅	她	。	我
说			系		。		

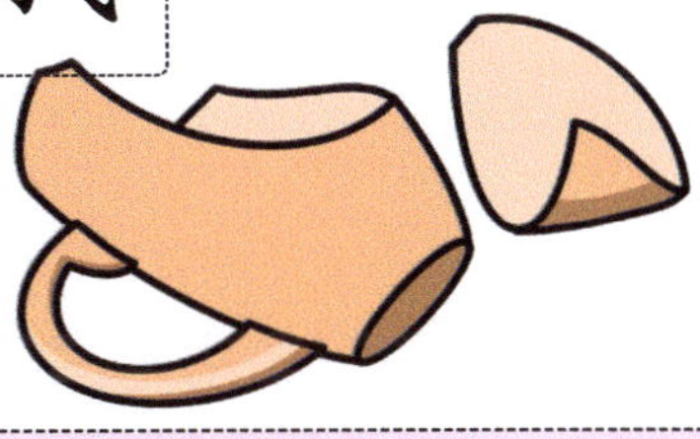

请从字盒里找出下列位置的汉字

 1-3 拔  1-7 卜  2-4 动  4-9 萝

按下图，请将字块填入合适的方框中。

⬚ 萝 卜 ， 拔 ⬚ 卜 ， 哎 呦

哎 呦 ， 拔 萝 ⬚ ， 哎 呦 哎

呦 ， 拔 不 ⬚ ， 老 太 太 快

快 来 ， 快 来 帮 我 们 拔 萝 卜 。

请从字盒里找出下列位置的汉字

2-12	3-5	3-14	4-4
赶	喊	救	狼

按下图，请将字块填入合适的方框中。《狼来了》（一）

小 孩 子 天 天 在 山 上 放 羊 。

一 天 ， 他 在 山 上 ☐₁ ： " ☐₂

来 啦 ！ 狼 来 啦 ！ " 。 山 下

的 人 ☐₃ 快 跑 上 山 来 ☐₄ 他 。

请从字盒里找出下列位置的汉字

3-5	4-2	4-4	4-11
喊	啦	狼	没

按下图，请将字块填入合适的方框中。《狼来了》（二）

放羊的孩子笑了，他说："□ 有狼，没有 □ 。我是说着玩的。"过了一天，他又在山上 □ ："狼来啦！狼来 □ ！"

请从字盒里找出下列位置的汉字

● 2-12	● 3-14	● 4-4	● 4-11
 赶	 救	 狼	 没

按下图，请将字块填入合适的方框中。《狼来了》（三）

山 下 的 人 听 见 了 ， 又 ☐₁ 快 跑 上 山 来 ☐₂ 他 。 放 羊 的 孩 子 又 笑 了 ， 他 说 ： " ☐₃ 有 狼 ， 没 有 ☐₄ 。 我 是 说 着 玩 的 。 "

请从字盒里找出下列位置的汉字

 2-1 掉  3-5 喊  3-10 假  4-11 没

按下图，请将字块填入合适的方框中。《狼来了》（四）

有 一 天 ， 狼 真 的 来 了 。 孩 子 又
□ ： " 狼 真 的 来 啦 ！ " 山 下
的 人 们 说 ： " 他 又 在 说 □ 话
了 。 " □ 有 人 来 打 狼 。 狼 就 吃
□ 了 小 孩 子 的 羊 。 "

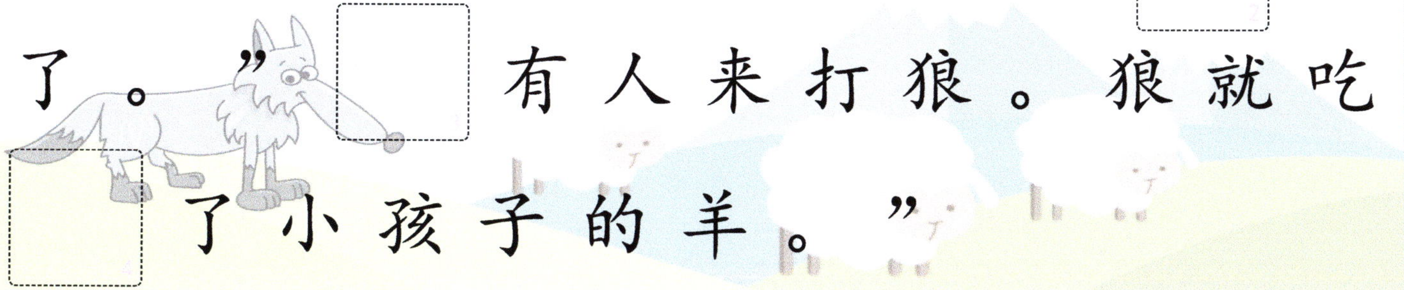

请从字盒里找出下列位置的汉字

 4-6 两
 4-7 柳
 7-5 万

请将字块填入合适的方框中，并诵读诗歌。

《 绝句 》（ 唐 · 杜甫 ）

☐ 个 黄 鹂 鸣 翠 ☐ ，

一 行 白 鹭 上 青 天 。

窗 含 西 岭 千 秋 雪 ，

门 泊 东 吴 ☐ 里 船 。

请从字盒里找出下列位置的汉字

● 5-5	● 6-7	● 7-6	● 8-5
农	谁	午	知

请将字块填入合适的方框中，并诵读诗歌。

《 悯_{mǐn} ☐ 》 （唐_{táng} · 李_{lǐ} 绅_{shēn}）

锄_{chú} 禾_{hé} 日_{rì} 当_{dāng} ☐ ，

汗_{hàn} 滴_{dī} 禾_{hé} 下_{xià} 土_{tǔ} 。

☐ ☐ 盘_{pán} 中_{zhōng} 餐_{cān} ，

粒_{lì} 粒_{lì} 皆_{jiē} 辛_{xīn} 苦_{kǔ} 。

请从字盒里找出下列位置的汉字

请将字块填入合适的方框中，并诵读诗歌。

《 fù 赋　dé 得　gǔ 古　yuán 原　cǎo 草　□　bié 别 》

（ táng 唐 · bái 白 jū 居 yì 易 ）

lí 离　lí 离　□　shàng 上　cǎo 草　，

yī 一　suì 岁　yī 一　kū 枯　róng 荣　。

yě 野　huǒ 火　shāo 烧　bù 不　jìn 尽　，

chūn 春　fēng 风　□　yòu 又　shēng 生　。

请从字盒里找出下列位置的汉字

● 7 - 4

晚

● 8 - 12

坐

请将字块填入合适的方框中，并诵读诗歌。

《 山行 》 （ 唐 · 杜牧 ）
shān xíng táng dù mù

yuǎn	shàng	hán	shān	shí	jìng	xié	
远	上	寒	山	石	径	斜	，

bái	yún	shēn	chù	yǒu	rén	jiā	
白	云	深	处	有	人	家	。

tíng	chē		ài	fēng	lín		
停	车	☐	爱	枫	林	☐	，

shuāng	yè	hóng	yú	èr	yuè	huā	
霜	叶	红	于	二	月	花	。